LES
DERNIERS MOMENS
DE
SOCRATE,

FAIT HISTORIQUE EN UN ACTE ET EN VERS.

Par J.-J. PÉCARD-TASCHEREAU,

MEMBRE DU CONSEIL GÉNÉRAL DU DÉPARTEMENT D'INDRE ET LOIRE, SECRÉTAIRE PERPÉTUEL DE LA SOCIÉTÉ D'AGRICULTURE, SCIENCES, ARTS ET BELLES-LETTRES DE TOURS, CHEVALIER DE LA LÉGION D'HONNEUR.

Cum jàm in manu fatale teneret poculum, sic locutus est ut non ad mortem trudi, sed ad cœlum videretur ascendere.

A TOURS,

DE L'IMPRIMERIE DE MAME.

1826.

J'ai composé cet ouvrage dans ma jeunesse et presque en sortant du collége, à l'époque fatale où la France, en proie à la plus épouvantable terreur, voyait tomber sur l'échafaud la tête du meilleur des rois et de ses plus vertueux citoyens; où l'on prêchait publiquement le matérialisme et l'athéisme sur les autels de *la raison*, où la société entière, bouleversée dans ses fondemens, ne présentait plus que l'image du chaos et de la destruction.

Je lisais Platon alors... Le tableau de Socrate, proclamant publiquement l'immortalité de l'ame en buvant la ciguë, enflamma mon imagination; j'opposai ses accens sublimes aux cris féroces des bourreaux qui nous frappaient, et cédant à mon enthousiasme, j'osai retracer les derniers momens de l'homme que tous les peuples ont nommé sage. Les grandes vérités qu'il enseignait à ses disciples, les principes sacrés qu'il développait au milieu d'eux m'avaient aussi été enseignés par mes respectables parens, par les maîtres vertueux qui ont présidé à mon éducation; je me plus à les reproduire, à les confesser hautement au milieu des hommes les plus pervers.

Ces principes, ces vérités, ô mes enfans ! j'ai cherché aussi à vous les apprendre, à vous les faire aimer. C'est pour vous faire apprécier l'influence qu'ils exercent sur la vie d'un homme de bien, que j'ai tiré cette faible esquisse de l'oubli auquel je l'avais condamnée.

Quand mes yeux seront fermés ; quand vous aurez perdu cette mère tendre, ce modèle vivant de toutes les vertus que nous vous enseignons, pratiquez-les sans cesse ces vertus sans lesquelles l'homme ne jouit d'aucune estime, d'aucune sorte de bonheur sur la terre, et plus loin, d'aucune récompense. Si nous vous avons appris à bien vivre, Socrate, buvant la ciguë, vous apprendra à bien mourir.

Donnez une larme à la mémoire de votre père en lisant ces vers dont il vous fait l'hommage, et son ame tressaillira.

PERSONNAGES.

Socrate , *philosophe d'Athènes.*
Criton ,
Apollodore , } *disciples de Socrate.*
Lysias ,
Anitus , *prêtre de Cérès.*
Mélitus , *juge.*
Xantippe , *femme de Socrate.*
Les deux enfans de Socrate.
Le chef des gardes.
Disciples de Socrate.
Juges d'Athènes.

La scène est dans la prison d'Athènes.

Socrate est étendu sur de la paille et goûte un profond sommeil. Le jour ne paraît pas encore.

Avis. L'auteur, désirant s'écarter le moins, possible de la vérité historique, a conservé plusieurs passages des discours de Socrate, qui ne sont peut-être plus en harmonie avec nos mœurs. Il en a noté les principaux.

LES
DERNIERS MOMENS
DE
SOCRATE.

SCÈNE I.ʳᵉ

(Socrate est endormi. Criton, Apollodore, et les autres disciples de Socrate, entrent dans la prison avec des flambeaux à leur main.)

CRITON.

Amis, suivez mes pas. Portons à notre maître
L'espoir qui dans nos cœurs vient enfin de renaître.
Sous cette voûte épaisse, où jamais le soleil
Ne put des malheureux éclairer le réveil;
Dans ces vastes tombeaux, réceptacle du vice,
Mais où conduit souvent la haine et l'injustice,
Chargé d'indignes fers dus aux seuls criminels,
Le plus sage des Grecs, le plus grand des mortels,
Socrate!.... confondu parmi de vils coupables,
Va terminer comme eux ses destins déplorables.

APOLLODORE.

Les lois ont-elles donc prononcé sur son sort?

CRITON.

Ses ennemis les font, les lois voudront sa mort.

APOLLODORE.

Ces imprécations....,.

CRITON.

Elles sont légitimes.
Anitus est puissant, j'en attends tous les crimes.
Mais nous le préviendrons. (*Montrant Socrate.*) Amis,
     brisons ses fers.
Pour fuir nos oppresseurs les moyens sont offerts ;
Des gardes de ces lieux trompant la vigilance,
J'ai su, par des présens, acheter leur silence.
Les ombres de la nuit vont servir nos desseins ;
Arrachons un grand homme aux coups des assassins.
Vous voyez le sommeil qui presse ses paupières,
Sur leurs lits somptueux il fuit ses adversaires.
Le trouble est dans leur cœur, la paix est dans le sien ;
Le ciel est son espoir, la vertu son soutien.
Plongé dans les cachots, au sein de la misère.
Il y conserve encore une ame noble et fière,
Un front calme et serein, un cœur indépendant.
O sublime vertu ! voilà ton ascendant.
Amis, approchons-nous ; le voilà qui s'éveille.

SOCRATE, *s'éveillant.*

Une voix imprévue a frappé mon oreille.
Avant l'heure ordinaire, on trouble mon repos.
Au fond de ma prison j'aperçois des flambeaux.
Que vois-je! Simmias, Criton, Apollodore!
Mes amis pour me voir ont devancé l'aurore!
Quel sujet important les amène en ce lieu?

CRITON.

Nous venons vous sauver. Rendez grâces à Dieu.

SOCRATE.

Comment?

CRITON.

Suivez nos pas. Votre perte est jurée.
Cherchons en Thessalie une fuite assurée.
Vos gardes sont gagnés.

SOCRATE.

Est-ce par trahison
Que Socrate innocent doit sortir de prison?

CRITON.

Qu'importent les moyens quand on sauve sa vie.

SOCRATE.

Aussi bien qu'en Attique on meurt en Thessalie.

CRITON.

Rendez-vous à nos vœux.

SOCRATE.

Qu'ils soient dignes de moi.

CRITON.

Songez à vos enfans.

SOCRATE.

Songeons à notre foi.

CRITON.

A votre épouse en pleurs, aux droits de la nature.

SOCRATE.

Quelque touchans qu'ils soient, ces pleurs me font
injure.

CRITON.

Mais, ces fers accablans.....

SOCRATE.

.Pèsent moins qu'un remord.

CRITON.

La haine du sénat.....

SOCRATE.

Je ne crains point la mort.

CRITON.

Craignez pour vos amis les reproches d'Athène.
On sait qu'il dépend d'eux de briser votre chaîne;
Que des étrangers même ont voulu leur ravir
Le soin de vous sauver, l'honneur de vous servir;
Qu'ils vous offrent chez eux une retraite sûre;
Que d'écouter leurs vœux la Grèce vous conjure.
Socrate, qui peut donc encor vous retenir?
Le péril est certain, osez le prévenir.
Vos cruels ennemis veulent une victime;
Ils vont la demander, épargnez-leur un crime.
A vos concitoyens épargnez un affront.
On verrait votre sang rejaillir sur leur front.
Socrate ne doit pas souffrir qu'on le répande;
C'est le sang innocent, il faut qu'il le défende;
Et si ce n'est assez de motifs si puissans,
Je le répète encor, qu'il songe à ses enfans,
Qu'il conserve une vie à leur amour si chère.
Pour être philosophe, il n'en est pas moins père.

SOCRATE.

Je rends grâces, Criton, à ce zèle empressé,
Qui voyant les dangers dont je suis menacé,
A cherché les moyens d'y soustraire ma tête.
Je sais qu'à me frapper l'injustice s'apprête;

Qu'un ministre des dieux, le perfide Anitus,
S'est uni pour me perdre au juge Mélitus;
Que, profanant tous deux l'auguste caractère
Imprimé par les lois à leur saint ministère,
Ils ont tout employé pour conjurer ma mort;
Qu'ils ont à pleines mains osé répandre l'or;
Que la religion, les lois et la morale,
Ont servi de prétexte à leur haine infernale,
Que contre leurs fureurs il n'est point de recours,
Qu'il n'est plus de moyens de défendre mes jours;
Je le sais, cher Criton, mais dans un cas semblable,
Quand un accusé fuit, c'est qu'il se croit coupable;
Voudrais-je le paraître en suivant vos avis?
Perdrais-je les seuls biens qu'on ne m'ait point ravis,
L'honneur et la vertu? Non, cessez de le croire,
Socrate jusques-là ne peut ternir sa gloire;
Je respecte mes fers, loin de les mépriser;
Je les mériterais si j'osais les briser.
Ainsi le veut la loi, qui, quoiqu'on en abuse,
Quand il faut obéir ne reçoit point d'excuse.
Ne me parlez donc plus de femmes ni d'enfans,
Des vœux des étrangers, des pleurs de mes parens;
Pour me venger d'un crime en commettrai-je un autre?
Vous m'appelez ami, je ne suis point le vôtre,
Si de mes ennemis, confirmant les soupçons,
Vous osez par vos vœux démentir mes leçons.

Est-ce là tout le fruit que j'en devrais attendre?
Sont-ce là les conseils que je devrais entendre?
Que deviendrait l'état, si chacun à son gré
Pouvait rompre ses fers et s'en voir délivré,
Sous le prétexte vain de fuir la calomnie,
De servir ses parens ou de sauver sa vie?
Qui pourrait mettre un frein à cet égarement?
Qui du repos public voudrait être garant?
Et quand dans mon malheur la Grèce me contemple,
De la rebellion je donnerais l'exemple!
Je servirais d'excuse à qui m'imiterait;
Chacun dirait, je fais ce que Socrate a fait.
Criton! entendez-vous la voix de la patrie.
Avec autorité, c'est elle qui me crie :
« Arrête, malheureux! fils indigne de moi,
» Tu trahis tes sermens; tu violes ta foi,
» Tu me désobéis, tu m'appèles ingrate.
» Réponds-moi sans détour, qui l'est plus que Socrate?
» Il me doit la naissance et l'éducation;
» J'ai mis ses biens, ses jours, sous ma protection.
» Pour prix de mes bienfaits, pour toute récompense,
» Je n'avais demandé que son obéissance;
» Si mes lois et mes mœurs ne lui convenaient pas,
» Il pouvait, à son gré, choisir d'autres climats:
» Je ne l'ai point forcé, mais s'il m'a préférée,
» Notre condition lui doit être sacrée.

» S'il mérite la mort, en vain il la fuira ;
» S'il périt innocent le ciel le vengera :
» Ses amis sont nombreux, leur tendre bienfaisance
» De ses fils orphelins protégera l'enfance,
» A son épouse en pleurs offrira quelqu'appui ;
» Ce qu'il eût fait pour eux ils le feront pour lui. »
A ces accens sacrés qu'avez-vous à répondre ?

CRITON.

Que tant de grandeur d'ame a de quoi nous confondre !
Que ces hautes vertus, dignes d'un meilleur sort...

SOCRATE.

Faut-il tant de vertus pour mépriser le mort !

CRITON.

O justice de Dieu ! qu'êtes-vous devenue ?

SOCRATE.

Elle frappe souvent sur qui l'a méconnue :
Par d'indignes discours craignez de l'irriter.

CRITON.
Que faut-il faire, enfin ?

SOCRATE.

      Y croire, et m'imiter.
Mais quelqu'un entre ici ; voyez qui ce peut être.

SCÈNE II.

(Les acteurs précédens , le chef des gardes.)

LE CHEF DES GARDES.

Socrate, levez-vous, vos juges vont paraître ;
Vous allez leur répondre et vous justifier.

SOCRATE.

On n'absout point celui qu'on veut sacrifier,
Je connais leurs desseins ; mais n'importe, qu'ils
    viennent.

LE CHEF DES GARDES.

Nous allons détacher les fers qui vous retiennent ;
Un accusé jamais ne répond enchaîné.

SOCRATE.

Vous pouvez accomplir l'ordre qu'on a donné.

(Le chef des gardes détache les fers, et s'en va.)

SCÈNE III.

(Les acteurs précédens , excepté le chef des gardes.)

SOCRATE.

De ce poids accablant mes mains étaient chargées ;
Amis, je suis content, les voilà dégagées.
Je puis les élever vers la divinité,

Implorer sa justice ainsi que sa bonté.

Dans mes bras affaiblis je puis serrer encore

Des hommes vertueux dont l'amitié m'honore;

Je puis contre mon sein les presser tour à tour;

Peut-être de ma vie est-ce le plus beau jour!

Les marques de mes fers sur mes mains sont tracées;

Un instant va bientôt les avoir effacées.

Mes souffrances déjà commencent à finir;

(1) Où je sentais le mal je ressens le plaisir.

CRITON.

C'est ainsi que toujours l'un à l'autre succède.

C'est à côté du mal qu'on trouve le remède.

SOCRATE.

(2) Pour charmer les mortels et flatter leur désir,

Le ciel compatissant inventa le plaisir;

Mais, par un triste effet de l'inconstance humaine,

Le plaisir ennuyait, les dieux firent la peine.

Par ces deux sentimens, l'un à l'autre opposés,

Tous les hommes entre eux paraissaient divisés.

C'est alors que le ciel, par des lois équitables,

Pour rétablir la paix les fit inséparables;

____

(1) Historique.

(2) *Id.*

Voulut que tous les deux, se succédant toujours,
De l'uniformité préservassent nos jours,
Reçussent l'un de l'autre un nouvel avantage,
Et que de cet accord le bonheur fût l'ouvrage.
L'homme ainsi, du plaisir, n'osant plus abuser,
Dut s'attendre à la peine et sut la mépriser.

SCÈNE IV.

(*Les acteurs précédens, Lysias.*)

LYSIAS.

Socrate, savez-vous, que, dans cet instant même,
Vous allez comparaître au tribunal suprême!

SOCRATE.

Je le sais.

LYSIAS.

Savez-vous que de vos ennemis.....

SOCRATE.

Puis-je m'occuper d'eux quand je vois mes amis!

LYSIAS.

Socrate, songez donc que leur haine implacable...

SOCRATE.

Eh quoi! de m'effrayer la croyez-vous capable?

LYSIAS.

On peut ne pas la craindre et ne pas la braver.

Mais il me reste encor l'espoir de vous sauver;
Socrate, laissez-moi le soin de vous défendre;
Ecoutez le discours...

SOCRATE.

Je ne dois pas l'entendre.

LYSIAS.

Comment! vous refusez...

SOCRATE.

Oui, mon cher Lysias
Quelqu'éloquent qu'il soit, il ne me convient pas.
(1) Vous avez un manteau fait avec élégance;
Le goût s'y réunit à la magnificence;
Il prouve le talent d'un habile ouvrier;
Mais est-il pour cela plus propre à m'habiller?
En un mot, cher ami, s'il faut que je périsse,
Votre discours ne peut empêcher mon supplice.
Si l'on veut écouter la voix de l'équité,
Je saurai, sans apprêts, dire la vérité;
Elle seule pourra prouver mon innocence;
C'est à mes ennemis qu'il faut de l'éloquence!

LYSIAS.

Il vous reste au sénat de généreux amis;
Ils parleront pour vous, plusieurs me l'ont promis.

---

(1) Historique.

Je vais voir Oriclès, Ormedon et Lysandre;
De leurs soins empressés j'ai droit de tout attendre,
Mais les momens sont chers, et je dois me hâter.

SOCRATE.

Vous ne les verrez point; j'ai le droit d'y compter.
Ai-je besoin d'amis, de leur voix protectrice,
Quand j'ai pour moi l'honneur, la raison, la justice!
Je défendrai leur cause avec la fermeté
Que donne à l'innocence une noble fierté.
Ce sentiment est pur autant que légitime;
Ne le confondez pas avec l'orgueil du crime.
Ce serait faire injure aux organes des lois,
Que de les supplier, de mendier leur voix.

LYSIAS.

Mais mille autres l'ont fait dans un malheur semblable,
Et souvent la clémence.....

SOCRATE (*avec ironie*).

                    A sauvé le coupable!
Le bel exemple à suivre, et qu'il m'est glorieux
D'acheter à ce prix un triomphe douteux!
L'honnête homme peut-il, malgré son innocence,
Par d'indignes moyens sauver son existence!
Voyez-vous un soldat, après un vain effort,
Prier son ennemi pour éviter la mort.

LYSIAS.

Mais pensez.....

SOCRATE.

Finissons. Ceci doit vous suffire;
Ne me répétez plus.....

LYSIAS.

Eh bien! je me retire.

SOCRATE (*avec bonté*).

Non, Lysias, restez; de vous j'aurai besoin.
Votre amitié pour moi vous a mené trop loin.
J'aime que l'on m'éclaire et non pas qu'on m'abuse;
Mais l'erreur d'un ami n'a pas besoin d'excuse.

SCÈNE V.

Les acteurs précédens; ANITUS, MÉLITUS, *juges du tribunal d'Athènes; peuple d'Athènes.*

(*Les membres du tribunal forment un demi-cercle au
fond du théâtre. Anitus et Mélitus sont au centre.
Le peuple et les amis de Socrate sont sur les côtés.
Socrate est sur le devant de la scène.*)

ANITUS.

Augustes sénateurs, citoyens vertueux,
Qu'un pénible devoir rassemble dans ces lieux,
Du ciel qui vous écoute implorez la justice;

Priez-le que sur vous il tourne un œil propice;
Qu'il fasse à vos regards briller la vérité;
Que vos esprits, guidés par sa sainte clarté,
Distinguent aisément, dans ce jour mémorable,
Le juste du pervers, l'innocent du coupable.

CRITON.

Ainsi donc le méchant ose invoquer les dieux!
S'ils écoutaient ta voix, ministre audacieux,
De cet infortuné, que poursuit ta vengeance,
Leur foudre, en te frappant, t'apprendrait l'innocence.
Si j'osais.....

SOCRATE.

Arrêtez, ne le menacez pas;
Si le ciel doit punir, laissez agir son bras.

MÉLITUS.

Socrate, en ce séjour, malgré l'antique usage,
Vous voyez réuni l'auguste Aréopage.
Il veut vous épargner, en votre adversité,
Les regards du public justement irrité;
La honte.....

SOCRATE.

Est pour le crime, et je n'ai rien à craindre.

CRITON.

Quoi! jusqu'à cet excès Mélitus ose feindre!

(*A Socrate.*) Ce n'est pas la pitié qui les presse pour vous,

Eux-mêmes du public redoutent le courroux.

Pourrait-on, sans frémir.....

MÉLITUS.

Faites taire cet homme.

De me répondre seul, Socrate, je vous somme.

Si, depuis quarante ans, recouvrant tous ses droits,

Athène a prospéré sous l'empire des lois;

Si, parmi ses voisins, nulle cité rivale

En puissance, en sagesse, en gloire ne l'égale;

Si vingt peuples amis viennent de toutes parts,

Dans ses murs florissans cultiver les beaux-arts;

Si l'on y voit régner la paix et l'abondance,

Et l'amour des vertus, fruit de l'indépendance,

C'est l'ouvrage des dieux que nous adorons tous,

Dont l'œil compatissant veilla toujours sur nous.

Après tant de bontés qu'ils nous ont fait paraître,

Quel mortel insensé pourrait les méconnaître,

Dénier leur puissance ou bien la mépriser?

Et leurs autels sacrés, qui voudrait les briser?

Socrate, est-ce vous?

SOCRATE.

Moi?

MÉLITUS.

Vous; dont la voix impie

Se pare des accens de la philosophie ;
Vous qui, par les calculs d'un art pernicieux,
Osez fouiller la terre et mesurer les cieux ;
Qui, répandant par-tout de coupables maximes,
Prêchez qu'on ne lit point dans le sang des victimes ;
Qui, niant de nos dieux les attributs divers,
Prétendez qu'un seul chef régit tout l'univers ;
Vous, dont l'impiété, dont l'audace incrédule,
Sur nos plus saintes lois verse le ridicule,
Ramène tous nos dieux vers un centre commun,
Et n'en connaît qu'un seul pour n'en connaître aucun.
Déjà la vérité commence à vous confondre.
Eh bien !.....

SOCRATE.

Continuez, je saurai vous répondre.

MÉLITUS.

La jeunesse d'Athène, à de tels sentimens,
Par vos soins dangereux instruite dès long-tems,
Ne mettant plus de frein à ses mœurs déréglées,
D'honneur et de vertus oubliant les idées,
Des premiers magistrats méconnaissant la voix,
Semble s'enorgueillir de marcher sous vos lois.
C'est de vous qu'elle apprend à traiter de chimères
Les devoirs des enfans à l'égard de leurs pères,
A ne plus se soumettre à leur autorité,

A braver leur courroux avec impunité.

Critias, Alcibiade ont trahi leur patrie,

Ont vu, par leurs forfaits, leur mémoire flétrie;

Insignes débauchés, perfides citoyens,

En tyrans de l'état ont changé ses soutiens;

Socrate, à quelle école ont-ils appris le crime?

Qui se montra jamais leur ami plus intime?

Qui, sous le faux semblant de blâmer les abus,

Avec plus de fureur attaqua nos statuts?

Qui sut mieux employer l'adresse et l'éloquence

Pour défendre le crime et perdre l'innocence?

Qui fut plus insensé, qui fut plus dangereux

Que celui dont l'orgueil, faisant parler les dieux,

Et d'un oracle vain recherchant le suffrage,

Osa de tous les Grecs se croire le plus sage?

Socrate, répondez. Sur-tout dispensez-nous

De ces faibles moyens trop indignes de vous,

De ces pleurs affectés, de ces feintes prières;

Pour vous justifier ils sont peu nécessaires.

SOCRATE.

Je ne connais point l'art de toucher par des pleurs;

Je ne chercherai point à peindre mes malheurs;

Je n'amènerai point, pour ébranler votre ame,

Mes parens consternés, mes enfans et ma femme;

Toujours la vérité régna dans mes discours.

Qu'à son gré le coupable invente des détours,
Je laisse ce moyen à qui n'en a pas d'autre;
Je ferai mon devoir, faites aussi le vôtre.
Hommes! vous m'accusez de mal parler des dieux!
Qui vous donne le droit de m'accuser pour eux?
Vous ont-ils commandé de lire en ma pensée?
Est-ce à vous de venger leur puissance offensée?
Si je l'ai méconnue, ou si, dans mes discours,
De la philosophie empruntant le secours,
J'ai porté sur leur culte un regard trop profane,
Eux seuls m'en puniront, que leur voix me condamne!

MÉLITUS.

C'est la religion qui soutient les états;
Sa défense est remise aux soins des magistrats.
Sans la religion il n'est point de morale;
Elle est du bien public la source principale;
Elle est contre le crime un obstacle puissant;
Toujours le nom des dieux fit trembler le méchant.
Pouvez-vous ignorer ces vérités sublimes?
Pouvez-vous nous blâmer de nos soins légitimes?
Vous qui devez l'exemple à vos concitoyens,
Qui prêchez les vertus aux fils des Athéniens,
Vous en voulez briser la base inébranlable!
Si vous l'avez osé, vous êtes trop coupable.

SOCRATE.

Au sein de ma maison j'ai dressé des autels :
C'est là que tous les jours j'offre au dieu des mortels
L'hommage d'un cœur pur et d'un amour sincère,
Celui qu'un fils soumis aime à rendre à son père.
Quant à ces jeunes gens que j'instruis, selon vous,
A mépriser vos dieux, à braver leur courroux,
Ils sont ici présens, qu'ils s'expliquent sans crainte ;
Ai-je pu leur donner quelque sujet de plainte ?
Ils savent que toujours je leur ai commandé
D'observer avec soin le culte ici fondé,
De révérer les dieux, quelque nom qu'on leur donne,
De se soumettre aux lois, de ne nuire à personne,
D'opposer un front calme aux traverses du sort,
De chérir la vertu, de mépriser la mort,
D'abhorrer la richesse autant que l'esclavage,
(Toujours la pauvreté fit le bonheur du sage),
D'être bons citoyens, bons parens, bons amis,
De rendre bien pour mal, d'aimer leurs ennemis :
Si quelques-uns d'entre eux, peu jaloux de leur gloire,
Par de grandes erreurs ont terni leur mémoire,
C'est qu'ils avaient alors oublié mes avis ;
Ils seraient innocens s'ils les avaient suivis.
J'ai rempli mon devoir en voulant les instruire,
Le reste les regarde, et je n'ai rien à dire.

Citoyens, sénateurs, voilà la vérité.
Vous pouvez me punir, si je l'ai mérité :
Si prêcher la vertu, l'amour de la patrie,
L'obéissance aux lois, le mépris de la vie,
Si vouloir le bonheur de ses concitoyens,
C'est être criminel, je le suis, j'en conviens.
Que tous mes auditeurs en rendent témoignage,
Qu'ils viennent m'accuser devant l'Aréopage;
Mais ils craignent peut-être, en élevant la voix,
De condamner celui sur qui tomba leur choix.
Eh bien! si vous voulez des juges plus sévères,
Appelez leurs amis, leurs tuteurs et leurs pères.
Si j'ai par mes leçons corrompu leurs enfans,
Si j'ai fermé leurs cœurs aux plus doux sentimens,
Personne n'a plus qu'eux le droit de m'en reprendre
Eh bien! qu'ils parlent donc! que peuvent-ils attendre?

CRITON.

Lâches accusateurs! ce silence profond
Sans doute vous surprend autant qu'il vous confond :
C'est moi qui parlerai pour prendre sa défense;
Je veux à l'univers prouver son innocence.
Votre haine ne peut m'inspirer de l'effroi;
Si quelqu'un est coupable, il est ici....; c'est toi.
Infâme Mélitus.... Oui, c'est toi que j'accuse

Devant ces sénateurs, que ton audace abuse,
A la face du Ciel qu'outrage ton aspect.

SOCRATE.

Arrêtez, mon ami, vous perdez le respect.

CRITON.

Vous voulez retenir mon courroux légitime!
Que dis-je; vous voulez qu'on respecte le crime!
Mélitus, connais-moi, tu peux nous accabler;
Mais, triomphant ou non, c'est à toi de trembler.
Tu n'échapperas point au remords qui te presse;
L'horreur de tes forfaits te poursuivra sans cesse;
La terreur et l'effroi troubleront ton sommeil :
Toujours la mort viendra s'offrir à ton réveil.
Et, si ce n'est assez pour achever ta peine,
J'emploierai le secours de la justice humaine.
Partout, où la vertu compte des défenseurs,
Socrate trouvera des amis, des vengeurs.
J'irai te dénoncer, avec tous tes complices,
Devant nos citoyens assemblés en comices.
S'ils sont sourds à ma voix, j'armerai contre vous
La Thrace, l'Italie et la Grèce en courroux;
De tous vos ennemis j'allumerai la haine,
Je conduirai leurs pas devant les murs d'Athène;
Sous ses débris sanglans ils vous engloutiront;

J'aiguiserai le fer dont ils vous frapperont.

(*Socrate, pendant ces vers, fait de vains efforts pour arrêter Criton*).

MÉLITUS.

Ces transports insolens, cette vaine menace,
Ne peuvent rien prouver, si ce n'est ton audace.

SOCRATE.

Sénateurs, pardonnez à son aveuglement ;
Ses fureurs n'ont point droit à mon assentiment ;
Et le Ciel m'est témoin que je devais attendre
Un autre fruit des soins qu'envers lui je sus prendre.

MÉLITUS (*à Criton*).

Insensé ! qui t'a dit que nous voulions sa mort ?

CRITON.

En te voyant paraître il a prévu son sort.

MÉLITUS.

Il peut, si le sénat le déclare coupable,
Profiter des bienfaits d'une loi secourable,
Qui donne à l'accusé le pouvoir de choisir
De tous les châtimens celui qu'il veut subir ;
Il peut s'expatrier ou payer une amende.

SOCRATE.

(1) Si l'on veut satisfaire à ma juste demande,
Au lieu de préférer l'exil à des bourreaux,
Je désire une place au séjour des héros;
Je veux vivre et mourir au sein du Prytanée,
Y recevoir la palme aux vertus destinée :
C'est là le châtiment qui peut me convenir;
C'est le prix qui m'est dû, j'ai droit de l'obtenir.

MÉLITUS.

De nos soins généreux, voilà ce qui résulte;
Quand il devrait trembler, c'est lui qui nous insulte.
Au lieu de tant d'honneurs, il recevra....

SOCRATE.

           La mort!

Qui la cherche fait mal, mais qui la craint a tort.
Je vous l'ai déjà dit : faut-il tant de courage
Pour apprendre d'ailleurs à mourir à mon âge?
Quand on a soixante ans la vie est un fardeau;
Et qui souffre beaucoup désire son tombeau.
Allez donc confirmer l'arrêt de mon supplice;
Allez, que de ma mort Mélitus s'applaudisse;

---

(1) Historique.

Mais vous-même avez dit qu'il existe des dieux
Qui, pour l'éternité, nous jugeront tous deux,
Qui sauront distinguer l'innocent du coupable,
Le faible qui périt du puissant qui l'accable.

(Mélitus et Anitus sortent en lançant sur Socrate des regards pleins de fureur. Les juges d'Athènes et le peuple les suivent).

SCÈNE VI.

(Les acteurs précédens, excepté les juges et le peuple d'Athènes).

CRITON.

Leur haine contre vous a paru redoubler;
Ne pouvant vous convaincre, ils vont vous immoler;
J'ai lu dans leurs regards la soif de la vengeance.

SOCRATE.

J'en méprise l'effet, si de mon innocence
Le Ciel et mes amis sont aujourd'hui témoins.

CRITON.

Mais, innocent ou non, vous n'en mourrez pas moins.

SOCRATE.

Auriez-vous mieux aimé me voir mourir coupable?

CRITON.

Concitoyens ingrats ! tribunal exécrable,
Séjour affreux du vice et de l'impiété,
Réunion du crime et de l'iniquité ;
Toi, lâche Mélitus, dans ta bassesse extrême,
Qui trahis ton ami, ton bienfaiteur lui-même !
Toi surtout Anitus, hypocrite odieux,
Qui, par tant de forfaits, prétends servir tes dieux !
Vous tous, accusateurs et bourreaux de Socrate,
Que votre horrible joie en ce moment éclate :
C'est un beau jour pour vous, l'innocent va périr ;
Socrate a fait le bien, vous allez l'en punir.
Contre lui votre haine est assez légitime ;
Il prêchait la vertu, quand vous prêchiez le crime.
Le peuple l'adorait ; il vous maudissait tous :
Que fallait-il de plus pour mériter vos coups ?
Chacun de vous ainsi, sans craindre sa censure,
Aux sermens qu'il a faits, peut se montrer parjure,
Vous pouvez opposer à notre désespoir
Le tyrannique abus d'un infâme pouvoir,
A nos vœux, à nos pleurs, la crainte du supplice ;
Puisque Socrate meurt, il faut que tout fléchisse. .

SOCRATE.

A quoi sert ce transport, cette vaine fureur ?
Des juges égarés je dois plaindre l'erreur :

N'y sont-ils pas sujets autant que nous le sommes ?
Sont-ils faits autrement que tous les autres hommes ?
Ou plus tôt, ou plus tard, puisqu'il me faut mourir,
Je sais leur pardonner ce qu'ils me font souffrir ;
De tous nos ennemis quelle que soit l'audace,
Le ciel dans l'Élysée a fixé notre place ;
C'est là qu'on cessera de nous persécuter ;
Nous serons réunis pour ne plus nous quitter :
Que cet espoir sacré, chers amis, vous console.

CRITON.

Tout sacré qu'il paraît, cet espoir est frivole :
Qui peut nous assurer qu'en un autre séjour
Il nous sera permis de vous revoir un jour ?

SOCRATE.

Avez-vous oublié que l'ame est immortelle ?

CRITON.

De son éternité la preuve existe-t-elle ?

SOCRATE.

Amis, pour la trouver, descendez dans vos cœurs ;
C'est là qu'est cette preuve, elle n'est point ailleurs.
Sur ce globe créé par une main divine
L'homme seul est puissant, partout l'homme domine :
Les autres animaux comme lui sont formés ;
Du souffle de la vie ils sont tous animés.

Entre eux et nous, ainsi, qui fait la différence ?

Vous n'en pouvez douter, c'est notre intelligence,

C'est l'esprit, la raison, ce feu surnaturel

Qui, pour nous éclairer, est émané du ciel,

Qui nous accorde à tous la faculté d'entendre,

De penser, de juger, de voir et de comprendre ;

C'est notre ame, en un mot, dont les secrets ressorts

Pour la seconde fois animent notre corps.

Eh bien ! confondrez-vous cette divine essence

Avec ce faible corps, sujet à la souffrance,

Atome organisé que la terre a produit,

Qu'un instant a vu naître, et que l'autre détruit ?

CRITON.

Nous croyons comme vous que cette intelligence
Se sépare du corps quand finit l'existence.

SOCRATE.

Où donc peut-elle aller, si ce n'est vers les cieux ?

Dès-lors elle doit être immortelle comme eux.

A ce titre toujours j'ai révéré la mienne ;

C'est de Dieu qu'elle émane, il faut qu'elle y revienne.

Quant à son enveloppe, à ce corps tout usé,

Qu'il retourne au limon dont il fut composé ;

(1) Amis, plus tôt il part plus tôt il nous délivre.

____

(1) Historique.

C'est pour vivre toujours que nous cessons de vivre,
C'est l'erreur qui s'enfuit devant la vérité,
Et la mort qui nous mène à l'immortalité.
Eternité de l'ame! ô sublime pensée!
Puisses-tu dans nos cœurs être toujours gravée!
Epouvante du vice, espoir de la vertu,
Tu soutiens des mortels le courage abattu;
Quand ils souffrent beaucoup, tu calmes leur souffrance;
S'ils sont désespérés, tu leur rends l'espérance.
Dogme consolateur, que je dois te chérir!
Tu m'appris à bien vivre et m'aides à mourir.
Si tu n'es qu'une erreur, en est-il de plus douce?
Et qu'il est insensé celui qui te repousse,
Si sur ses tristes jours tu peux jeter des fleurs,
Si tu peux de sa fin soulager les douleurs!
Erreur ou verité, ton effet est le même;
C'est un malheur de plus si tu n'es qu'un problème?

CRITON.

Ce noble enthousiasme éclaire nos esprits;
Mais de votre vertu recevant seul le prix,
Que nous restera-t-il si vous cessez de vivre?

SOCRATE.

Encor du bien à faire, et mon exemple à suivre.

SCÈNE VII.

(Les acteurs précédens , le chef des gardes.)

LE CHEF DES GARDES.

Socrate, s'il est vrai que votre fermeté
Vous soutienne toujours contre l'adversité.....

SOCRATE.

Eh bien !

LE CHEF DES GARDES.

C'est à présent qu'il en faut faire usage.
Le sénat assemblé m'a chargé d'un message
Bien cruel pour celui qui connaît vos vertus,
Mais qui n'étonne point, dicté par Anitus.

CRITON.

Que va-t-il nous apprendre, et quel affreux présage !

LE CHEF DES GARDES.

Je vous ai déjà dit qu'il fallait du courage !

SOCRATE.

Que sert-il de trembler alors qu'on va mourir !
Si le ciel l'a voulu je lui dois obéir.

LE CHEF DES GARDES.

Le ciel de votre mort ne peut être complice ;

Croyez qu'il en connaît l'horreur et l'injustice,
Qu'il punira bientôt vos lâches assassins.

SOCRATE.

Je ne veux point du ciel pénétrer les desseins,
Mais à leur pardonner mon ame est résolue.

LE CHEF DES GARDES.

Leur arrêt vous condamne à boire la ciguë.

SOCRATE.

(1) Que mon dieu soit béni! je vais voler aux cieux.

CRITON.

Implacable destin ! jour à jamais affreux !
Les cruels osent donc consommer leur vengeance !
 (*Au chef des gardes.*)
Mais toi, qui te prétends sûr de son innocence,
Qui vantes ses vertus, maudis ses assassins,
A leur projet fatal prêteras-tu les mains ?
Ministre complaisant de cet Aréopage,
De voir mourir Socrate auras-tu le courage ?

LE CHEF DES GARDES.

Jeune homme, je voudrais l'arracher du trépas,
Mais mes pleurs, mes efforts ne le sauveraient pas;

---

(1) Historique.

Et quand ils le pourraient, malgré son injustice,
La loi se fait entendre et veut que j'obéisse.

SOCRATE.

Amis, il a raison. Loin de m'en prendre à lui
Du coup immérité qui me frappe aujourd'hui,
J'avoue avec plaisir, avec reconnaissance,
Que son humanité, ses soins, sa bienfaisance,
Ont souvent allégé le poids de mes douleurs,
Ont tari quelquefois la source de mes pleurs.
Si tous ceux appelés, par un devoir sévère,
Auprès des criminels, à leur heure dernière,
Comme cet Athénien remplissaient leur devoir,
Combien de malheureux, réduits au désespoir,
Terminant dans les fers des jours insupportables,
Connaîtraient le remords et mourraient moins cou-
        pables !
Allez, ami; mais puis-je, en mes derniers instans,
Presser contre mon sein ma femme et mes enfans?

LE CHEF DES GARDES.

Je vais les amener. (*A part.*) Ce tableau me déchire;
Faut-il qu'un si grand homme entre mes bras expire !

SCÈNE VIII.

(*Les acteurs précédens, excepté le chef des gardes.*)

SOCRATE.

Vous pleurez, mes amis; ne devriez-vous pas

M'exhorter les premiers à braver le trépas,
Fortifier ma foi, ranimer mon courage,
Et me montrer le ciel, terme de mon voyage !
Mais j'aperçois Xantippe avec mes deux enfans;
Soutenez-moi, grand dieu, dans ces tristes momens !

SCÈNE IX.

(*Les précédens*, XANTIPPE *et ses enfans.*)

XANTIPPE.

Socrate, qu'ai-je appris ? Un ministre implacable
A forcé le sénat à te trouver coupable ;
On dit même, Athéniens! le pourriez-vous souffrir !
On dit que de ta mort.....

SOCRATE.

Eh bien ! s'il faut mourir.....

XANTIPPE.

Non, tu ne mourras point, j'en garde l'espérance;
J'irai trouver ce tigre altéré de vengeance;
Pour sauver son époux, qu'il veut sacrifier,
Xantippe descendra jusqu'à le supplier;
Je conduirai chez lui ma famille en alarmes;
Il entendra mes cris, verra couler mes larmes;
Je lui rappèlerai, dans le sein du sénat,

Et les devoirs de l'homme et ceux du magistrat ;
Au magistrat l'honneur , à l'homme la nature,
A tous deux leurs sermens.

SOCRATE.

Il connaît le parjure.

XANTIPPE.

Je lui dirai.....

SOCRATE.

Criton en a beaucoup trop dit ,
Ses efforts, ses discours sont demeurés sans fruit.

XANTIPPE.

Mais les pleurs d'une femme ont souvent plus d'empire.

SOCRATE.

Crois-tu donc le méchant si facile à séduire ?

XANTIPPE.

Son cœur est-il d'airain ?

SOCRATE.

Il est nourri de fiel.

XANTIPPE.

S'il ne m'écoute pas, j'invoquerai le ciel,
J'oserai l'implorer....

SOCRATE.

Implorons sa clémence.

XANTIPPE.

Sa vengeance plutôt.

SOCRATE.

Qui parle de vengeance
Doit en craindre pour lui les terribles effets.
Xantippe, oublions donc les maux qu'on nous a faits;
Ne souhaitons jamais de malheur à personne;
Pardonnons, mon amie, afin qu'on nous pardonne.

XANTIPPE.

(1) Si j'eus aussi des torts....

SOCRATE.

Mes reproches jamais
De tes jours fortunés ont-ils troublé la paix?

XANTIPPE.

Au tombeau sans remords je pourrai donc te suivre :
Aussi bien après toi qu'ai-je besoin de vivre?
Que me restera-t-il chez ce peuple étranger
Qui, sous ses lois de sang, puisse encor m'engager.

----

(1) Historique.

SOCRATE.

N'as-tu donc plus d'enfans, ou n'ont-ils plus de mère ?
Xantippe, vis pour eux et tiens-leur lieu d'un père.
Qui pourrait mieux que toi, quand je ne serai plus,
Guider leurs premiers pas au chemin des vertus ?
Qui leur rappèlerait ma mémoire chérie ?
Qui leur enseignerait l'amour de la patrie ?

XANTIPPE.

Leur patrie est ingrate, ils la doivent haïr.

SOCRATE.

Ingrate ou non, qu'importe? ils la doivent servir.

XANTIPPE.

Elle a frappé leur père.

SOCRATE.

Il faut qu'ils le remplacent.

XANTIPPE.

Si leurs efforts sont vains, que veux-tu donc qu'ils
fassent ?

SOCRATE.

Le bien, toujours le bien, quoi qu'ils doivent souffrir.
Pour éviter le mal leur père a su mourir.
Son exemple est le seul qu'il leur convient de suivre.

On ne craint point la mort quand on a su bien vivre.
Venez, mes chers enfans, accourez dans mes bras;
Votre aspect adoucit l'horreur de mon trépas.
Dans la tombe, avec moi, j'emporte l'assurance
Que vous saurez un jour remplir mon espérance;
Qu'en zélés citoyens, servant votre pays,
Votre père immolé revivra dans ses fils;
Et quand vous apprendrez que ce malheureux père
Dans le fond des cachots termina sa carrière,
Gardez-vous de nourrir au fond de votre cœur
Un vil ressentiment, une vaine fureur;
Il n'est pour me venger qu'un moyen légitime :
A force de vertus faites rougir le crime.

SCÈNE X.

*(Les acteurs précédens, le chef des gardes apportant
la ciguë.)*

Socrate, *voyant le chef des gardes.*

Adieu, mes chers enfans, il faut nous séparer.
Embrassez-moi, Xantippe, et cessez de pleurer.
(Au chef des gardes.)
Je vous entends.

Xantippe *(au chef des gardes).*

Barbare, il y va de ta vie.
Arrête, ou crains l'effet de ma juste furie.

SOCRATE.

Amis, éloignez-la de ces funestes lieux.

XANTIPPE (*aux Amis de Socrate, qui veulent l'entrainer*).

Vous voulez m'empêcher de mourir à ses yeux.
Vous espérez en vain de m'entraîner vivante;
Il faut qu'il voie encor son épouse expirante.

SOCRATE (*à part*).

Voilà l'instant fatal que j'avais redouté;
Trop cruel sacrifice! ah que tu m'as coûté!

XANTIPPE.

Puisque mon époux meurt il faut que je périsse,
Que le même tombeau tous deux nous réunisse:
Qu'ai-je fait moins que lui pour vivre plus long-tems!

(*Les amis de Socrate emmènent Xantippe et ses enfans.*)

SCÈNE XI.

SOCRATE, LE CHEF DES GARDES.

SOCRATE.

Un trouble inattendu s'empare de mes sens;
Les cris de la nature ont ébranlé mon ame.
Je puis braver la mort... Non, les pleurs d'une femme!...
C'est trop les écouter, c'est trop perdre de tems :

Montrons plus de courage en nos derniers instans;
Pour finir nos douleurs hâtons notre supplice;
(1) Mais puis-je encore au ciel offrir en sacrifice
Un peu de ce breuvage ?

LE CHEF DES GARDES.

Il ne m'est pas permis.

SOCRATE.

Il suffit, je remets ce soin à mes amis :
Donnez la coupe. Dieu! soutenez mon courage,
(2) Et daignez m'accorder un fortuné voyage.

(*Il boit la ciguë.*)

LE CHEF DES GARDES.

Je ne puis plus souffrir un aspect si fatal.

SOCRATE.

Ami, séchez vos pleurs, ils me font trop de mal.

LE CHEF DES GARDES.

De les laisser couler je ne puis me défendre.

SOCRATE.

Vos maîtres m'ont jugé sans daigner en répandre;
Vous m'apportez la mort et m'osez consoler !

____

(1) **Historique.**
(2) *Idem.*

LE CHEF DES GARDES.

J'ai dû leur obéir et non leur ressembler.

SOCRATE.

Ce mot est leur arrêt; il sera ma vengeance.

SCÈNE XII.

(Les précédens ; les amis de Socrate,)

CRITON.

Eh bien ! c'en est donc fait, il n'est plus d'espérance.

SOCRATE.

Il m'en reste beaucoup, vous devez le savoir;
Dans l'Elysée un jour nous pourrons nous revoir.

CRITON.

Ne renouvelons pas un entretien stérile;
Nous croyons comme vous qu'il existe un asile
Où la vertu repose au-delà du trépas.

SOCRATE.

Si vous vous affligez vous ne le croyez pas,
Vous ne sentez pas bien....

CRITON.

     Nous le croyons, vous dis-je,
Et ce n'est pas sur vous que notre cœur s'afflige :

Nous pleurons sur nous seuls; sur nous, infortunés,
Qui, sous un joug de fer, demeurons enchaînés;
Sur vos enfans chéris qu'on va priver d'un père;
Ah! surtout, mon ami, nous pleurons sur leur mère!

SOCRATE.

C'est sur notre pays, sur nos concitoyens
Qu'il faut verser des pleurs, que couleront les miens;
C'est sur les malheureux qu'égare un faux indice,
Sur mes ennemis même et sur leur injustice.
Puisse le ciel un jour, éclairant leurs esprits,
Leur pardonner ma mort s'ils s'en sont repentis!

CRITON.

Ont-ils donc mérité cette ardente prière?

SOCRATE.

Si je n'en fais pour eux, pour qui faut-il en faire?
Est-ce pour vous, amis, dont les cœurs vertueux
Sont des faveurs de dieu les gages précieux?
De ce qu'il fait pour vous ma voix le remercie,
D'autres sont moins heureux, c'est pour eux que je
    prie.

CRITON.

Eh bien! pardonnez-leur, oubliez vos tourmens,
Nous ne pouvons blâmer ces nobles sentimens.
Mais nous, faibles mortels, trop indignes peut-être

De l'honneur envié de vous avoir pour maître ;
Nous qui, des passions misérables jouets,
Ignorons encor l'art d'en dompter les effets,
Pour un si grand effort nous manquons de courage ;
Nos cœurs sont indignés, la haine les soulage.
Laissez donc s'exhaler nos trop justes douleurs ;
Laissez-nous librement déplorer nos malheurs :
C'est le droit le plus cher que l'amitié réclame.

SOCRATE.

Je crois entendre ici les discours d'une femme !
Si celle qui m'est chère a sorti de ces lieux,
Si je me suis privé de ses derniers adieux,
Si j'ai craint pour son cœur cette atteinte cruelle,
Ai-je dû vous trouver encor plus faibles qu'elle ?
Montrez-donc, mes amis, un peu de fermeté ;
Pleurer dans le malheur est une lâcheté ;
Qui vit toujours heureux peut vivre sans courage,
C'est dans l'adversité qu'il en faut faire usage ;
Elle vous instruira bien mieux que mes leçons,
C'est une grande école....

CRITON.

Ah ! nous la connaissons ;
Et depuis trop long-tems !

SOCRATE.

Trempez-y donc votre ame.

Qu'un plus noble désir en ce jour vous enflamme!
Prouvez mon innocence aux yeux de l'univers;
Songez qu'ils vont sur vous désormais être ouverts,
Que de vos actions je serai responsable,
Que vous seuls me rendrez innocent ou coupable;
Ma gloire est en vos mains, elle dépend de vous.

CRITON.

De ce soin important reposez-vous sur nous.
Contre vos ennemis nous saurons la défendre,
Jusqu'à vous imiter nous oserons prétendre,
J'en atteste les dieux, croyez à nos sermens.

SOCRATE.

Je viens de retrouver mes amis, mes enfans,
Je les ai retrouvés dignes de mon estime.
Un jour, si j'en puis croire un orgueil légitime,
Un jour nos descendans liront avec transport
L'histoire de ma vie et celle de ma mort.
Ils frémiront sans doute au récit de mes peines;
Ils me rendront justice et briseront mes chaînes;
Ils apprendront aussi le noble dévoûment
Que vous faites paraître en ce triste moment.
A Socrate expirant si vous tenez parole,
Si vous ne trompez pas l'espoir qui le console,
Du même prix, croyez qu'ils paieront vos efforts;

C'est l'immortalité qui doit venger les morts.
Au tombeau maintenant il m'est doux de descendre.
Je sens qu'il va s'ouvrir, je vais cesser d'attendre.

CRITON.

Sur ce tombeau sacré nous irons tous les jours,
Contre notre faiblesse implorer vos secours.
Si quelqu'un parmi nous dans son devoir chancèle,
Vous serez encor là pour ranimer son zèle;
Un vaste monument élevé par nos soins.....

SOCRATE.

Ces soins sont superflus.

CRITON.

        Dites—nous donc du moins
Quels seront les devoirs qu'il nous faudra vous rendre.

SOCRATE.

Criton confond toujours Socrate avec sa cendre.
(1) Quand je serai sorti de ces restes glacés,
Qu'importe en quel endroit vous les aurez placés ?
Abandonnez au vent cette vile poussière ;
A la terre rendez ce qui vient de la terre.
Mon ame au sein de Dieu va bientôt se laver

____

(1) Historique.

De ce limon impur.... Je ne puis achever....
Mes membres affaissés me soutiennent à peine,
Le poison destructeur coule de veine en veine;
Déjà mon cœur se glace et m'annonce la mort.
Amis, embrassons-nous.... Trop douloureux effort,
Je ne puis me lever, je cède à ma faiblesse.

CRITON.

Socrate, sentez-vous cette main qui vous presse ?
C'est celle d'un ami pleurant à vos genoux.

SOCRATE.

Non, je ne la sens plus.

APOLLODORE.

Me reconnaissez-vous ?

SOCRATE.

Du jour qui m'éclairait le faible éclat m'échappe :
(1) Offrez un sacrifice en l'honneur d'Esculape;
Ce sont mes derniers vœux.... Je sens venir la mort....
Mon voyage finit.... Adieu, je touche au port.

(*Il meurt*).

---

(1) Historique.

FIN.

www.ingramcontent.com/pod-product-compliance
Lightning Source LLC
LaVergne TN
LVHW010420060726
842526LV00005B/1683